ADMINISTRAÇÃO FINANCEIRA

Guia prático para pessoas físicas e jurídicas

Vítor Barros Costa

2022

Administração Financeira: guia prático para pessoas físicas e jurídicas

Autor

Vítor Barros Costa

Diagramação / Formatação / Revisão

Vítor Barros Costa

Capa / Ilustrações

O autor

Imagem da capa

Arthon Meekodong, Canva, 2023. (Disponível em: https://www.canva.com/photos/MAEdPencp7M-financial-growth-concept/).

Editora

AMAZON | Fl.

COSTA, Vítor Barros. Administração financeira [livro eletrônico]: guia prático para pessoas físicas e jurídicas / Vítor Barros Costa, 2023.

Bibliografia.

1. Administração financeira 2. Finanças - Administração 3. Pessoa física - Brasil 4. Pessoa jurídica - Brasil I. Título.

Índices para catálogo sistemático:

1. Administração financeira

EPÍGRAFE

"Na casa do sábio há comida e azeite armazenados, mas o tolo devora tudo o que pode".

Provérbios 21:20

AUTOR

Vítor Barros Costa

A oportunidade de escrever e publicar este livro partiu de um convite da docente mestre, Débora Ornellas, orientadora do meu TCC da Graduação, após a obtenção de nota máxima no TCC e repertório notável na Universidade (artigos e projetos).

DEDICATÓRIA

Dedico este estudo a todas as pessoas que mesmo com as dificuldades, ultrapassaram barreiras, não temeram e não desistiram.

Que o conhecimento e a educação financeira alcancem a todos.

Dedico este livro a todos os brasileiros.

SUMÁRIO

LISTA DE FIGURAS

INTRODUÇÃO

A administração financeira é uma área fundamental tanto para pessoas físicas quanto jurídicas, uma vez que envolve a gestão do dinheiro e dos recursos financeiros de forma adequada.

Segundo Gitman (2020), a administração financeira é responsável pela gestão de recursos financeiros, tais como investimentos, financiamentos e fluxo de caixa. O contexto histórico da administração financeira remonta aos primórdios da sociedade, quando as civilizações primitivas já praticavam a troca de bens e serviços. Desde então, a administração financeira evoluiu e se tornou uma disciplina importante para a economia global.

A administração financeira é de grande importância para pessoas físicas, uma vez que elas também precisam gerenciar suas finanças adequadamente para atingir seus objetivos financeiros. Assaf Neto (2020) aponta que a administração financeira é fundamental para ajudar as pessoas a tomarem decisões financeiras importantes, tais como a compra de um carro, uma casa, um plano de previdência, entre outros. Além disso, a administração financeira também é importante para as pessoas físicas na medida em que ajuda a construir uma reserva financeira para imprevistos, bem como para o planejamento do futuro.

8

Para as empresas, a administração financeira é ainda mais crucial, pois elas precisam gerenciar seus recursos financeiros de forma eficiente para alcançar seus objetivos de crescimento e lucratividade. Conforme Ross *et al.* (2020), a administração financeira é responsável por garantir que as empresas tenham o capital necessário para investir em novos projetos e expandir seus negócios. Além disso, a administração financeira também é importante para as empresas na medida em que ajuda a minimizar os riscos financeiros e a maximizar os lucros.

Em resumo, a administração financeira é um eixo essencial tanto para pessoas físicas quanto jurídicas, dado que envolve a gestão do dinheiro e dos recursos financeiros para alcançar objetivos financeiros no presente e no futuro. Neste livro, serão abordados os principais conceitos e práticas da administração financeira, com foco na gestão da reserva de oportunidades, capital de giro e crescimento patrimonial.

A próxima seção apresentará a fundamentação e a fomentação teórica para tratamento e incitamento do tema, trazendo sustentação ao desenvolvimento do trabalho. Em seguida, apresenta-se os guias práticos para os dois alvos do estudo (pessoa física e jurídica) e a metodologia seguida das considerações finais.

9

ADMINISTRAÇÃO FINANCEIRA

De acordo com Gitman (2020), a administração financeira é uma área que abrange a gestão do dinheiro e dos recursos financeiros com o objetivo de alcançar metas financeiras no presente e no futuro. É uma atividade fundamental tanto para indivíduos quanto para empresas, pois possibilita o gerenciamento eficiente e inteligente das finanças.

Segundo Gitman (2020), o planejamento financeiro é uma das principais estratégias da administração financeira. Ele consiste na elaboração de um plano detalhado para gerenciar as finanças pessoais ou empresariais, definindo objetivos financeiros claros, identificando fontes de receita e despesas, criando um orçamento realista e estabelecendo metas alcançáveis para atingir os objetivos.

Outra estratégia vital é o gerenciamento do fluxo de caixa. O supracitado (2020) afirma que o fluxo de caixa diz respeito à movimentação de entrada e saída de dinheiro em uma conta bancária ou empresa. Gerenciar o fluxo de caixa de forma adequada é fundamental para garantir que haja recursos financeiros suficientes para cobrir as despesas regulares e evitar problemas financeiros.

Gitman (2020) aponta outro aspecto importante da administração financeira: o gerenciamento do risco financeiro, que

10

se refere à possibilidade de perda financeira decorrente de eventos imprevistos, como mudanças nas taxas de juros ou flutuações do mercado. Gerenciar o risco financeiro de forma adequada pode minimizar as perdas potenciais e proteger os ativos financeiros.

Em resumo, a administração financeira, de acordo com Gitman (2020), é uma área essencial para indivíduos e empresas que buscam alcançar sucesso financeiro. Ao aplicar as estratégias apresentadas neste guia, é possível gerenciar as finanças de maneira inteligente e eficiente, maximizando o valor dos recursos financeiros e atingindo objetivos a curto, médio e longo prazo.

A gestão dos recursos financeiros de uma pessoa física ou jurídica para alcançar objetivos financeiros específicos é o cerne da administração financeira, segundo Ross *et al.* (2019). No caso das pessoas físicas, essa disciplina pode abranger desde o planejamento da aposentadoria até a gestão de dívidas e empréstimos, passando pelo investimento em ativos financeiros. Já para as empresas, a administração financeira pode envolver atividades como análise de investimentos, gerenciamento do fluxo de caixa e gestão do capital de giro.

O planejamento financeiro é uma das principais estratégias da administração financeira, de acordo com Ross *et al.* (2019). Ele consiste na elaboração de um plano detalhado para gerenciar as finanças de uma pessoa ou empresa, definindo objetivos claros e realistas, identificando fontes de receita e despesas, criando um orçamento realista e estabelecendo metas para alcançá-los.

Ross *et al.* (2019) afirma que é crucial que indivíduos e organizações possuam uma reserva de emergência para enfrentar imprevistos que possam impactar negativamente suas finanças. Tal reserva deve ser suficiente para cobrir despesas regulares por um período determinado e deve ser mantida em uma conta bancária separada dos demais ativos financeiros.

Segundo Brigham e Ehrhardt (2017), a administração financeira é uma disciplina que se concentra na gestão de recursos financeiros, com o objetivo de maximizar o valor da empresa para os acionistas ou dos recursos financeiros pessoais para os indivíduos.

No contexto corporativo, os supracitados (2017) afirmam que a administração financeira abrange atividades como análise de investimentos, gerenciamento de riscos financeiros, tomada de decisões de financiamento e estruturação de capital, além de gestão de fluxo de caixa e gestão de ativos e passivos.

Já no âmbito pessoal, os autores (2017) apontam que a administração financeira inclui a gestão do orçamento pessoal, a seleção de investimentos adequados e a gestão de dívidas e créditos. Portanto, seja para uma empresa ou um indivíduo, a administração financeira é fundamental para alcançar objetivos financeiros e garantir a estabilidade financeira.

De acordo com Malkiel (2021), é fundamental ter em mente que não existe uma fórmula mágica para se obter sucesso no mercado financeiro. Porém, é possível adotar algumas estratégias que ajudam a minimizar riscos e maximizar os ganhos, como diversificar a carteira de investimentos em diferentes classes de ativos, estabelecer objetivos claros e metas de longo prazo, além de manter uma postura disciplinada e paciente ao longo do tempo.

É importante também estar sempre atento às mudanças nas condições de mercado e aos riscos envolvidos em cada investimento, a fim de tomar decisões informadas e minimizar prejuízos.

13

FINANÇAS COMPORTAMENTAIS

De acordo com Ross, Westerfield e Jaffe (2020), as finanças comportamentais abordam como as emoções e os preconceitos podem afetar as decisões financeiras. Esses fatores podem influenciar a percepção de risco e recompensa, o que pode resultar em escolhas financeiras menos racionais e informadas. Ao reconhecer esses fatores, as pessoas podem tomar decisões financeiras mais conscientes e, assim, obter resultados em suas finanças pessoais ou empresariais. É importante notar que a compreensão desses fatores ainda é um campo em desenvolvimento, com muito a ser aprendido sobre como a mente humana funciona quando se trata de dinheiro.

Um dos conceitos importantes abordados nas finanças comportamentais é a aversão à perda, que se refere à tendência das pessoas de sentirem mais intensamente a dor das perdas em comparação ao prazer dos ganhos. Segundo Assaf Neto (2020), os indivíduos são mais propensos a correr riscos para evitar perdas do que para obter ganhos. Essa atitude pode levar a uma tomada de decisões menos otimizada, pois as pessoas podem se tornar excessivamente cautelosas ou evitar possíveis perdas.

Com base nos ensinamentos de Gitman (2020), uma das formas de minimizar os efeitos negativos dos preconceitos

14

comportamentais é por meio da educação e da conscientização. Ao aprender sobre os preconceitos comuns e como podem afetar a tomada de decisões financeiras, os indivíduos podem compreender melhor as suas próprias tendências e fazer escolhas mais racionais. Conforme destacado pelo planejador financeiro, é fundamental estar ciente de nossos próprios preconceitos e buscar informações objetivas ao tomar decisões financeiras.

As finanças comportamentais são um campo relativamente recente que tem muito a ser explorado em relação à influência das emoções e preconceitos nas decisões financeiras. Conforme destacado por Ross, Westerfield e Jaffe (2020), ainda há muito a ser descoberto sobre como a mente humana funciona em relação ao dinheiro. No entanto, à medida que este campo de estudo se desenvolve, podemos aprender como tomar decisões financeiras mais conscientes e bem-informadas.

De acordo com Thaler e Sunstein (2008), compreender os comportamentos financeiros irracionalmente influenciados é crucial para que as pessoas tomem decisões financeiras mais informadas e racionais. Eles afirmam que as emoções e preconceitos podem levar as pessoas a fazer escolhas financeiras baseadas no que é popular ou impopular, em vez de fatos e lógica.

Para combater esses efeitos negativos, os autores (2008) sugerem que as pessoas sejam mais conscientes de suas próprias

15

emoções e preconceitos financeiros e usem técnicas como análise comparativa e planejamento financeiro para tomar decisões mais racionais e informadas. As finanças comportamentais são cada vez mais aplicadas na prática em áreas como investimentos, planejamento financeiro pessoal e marketing financeiro, com o objetivo de ajudar as pessoas a tomar decisões mais conscientes e racionais.

ANÁLISE DE INVESTIMENTOS

Há diversas alternativas no cenário vigente para analisar investimentos, desde carteiras automatizadas – opção viável até mesmo para quem acompanha o cenário sazonal do mercado financeiro – porém, há taxas de administração, sendo assim, se você tem pouco capital, não compensa por ora, até montar a sua carteira com o suporte dos consultores da corretora.

É importante que o indivíduo iniciante faça o teste de perfil do investidor – disponível em *sites* de corretoras e instituições financeiras. É vital que as pessoas sejam honestas e sinceras no teste, pois não adianta apontar que aceita correr riscos para obter maiores retornos se você não tem reserva de oportunidade alta e tem muitas contas, sendo assim, o investidor precisa adequar as suas respostas de acordo com a situação vigente. Os perfis de investidores são: conservador; moderado ou agressivo.

As pessoas precisam entender as definições, taxas e incidências dos produtos de investimentos antes de aplicar, pois o consultor pode estar se aproveitando do seu alto capital para sugerir investimentos com poucos retornos para os clientes, mas altos retornos para o consultor.

17

A seguir, constam passos importantes:

- **Objetivos financeiros:** Antes de começar a investir, defina seus objetivos financeiros, como comprar uma casa, planejar sua aposentadoria ou pagar dívidas. Isso ajudará a determinar o prazo de seus investimentos e o nível de risco que você está disposto a assumir.

- **Tipos de investimentos:** Há diversos tipos de investimentos: como ações, títulos, fundos mútuos e imóveis. Entenda os prós e contras de cada tipo de investimento e escolha aquele que melhor se adapte aos seus objetivos financeiros e riscos.

- **Conhecimento:** Antes de investir, pesquise sobre a empresa ou setor em que você deseja investir. Considere fatores como desempenho financeiro passado, estratégias de negócios, concorrência e condições do mercado – não deixe que o seu consultor decida tudo, é extremamente importante que você entenda os impactos, taxas e benefícios de cada produto financeiro.

- **Diversifique seus investimentos:** É importante distribuir seus investimentos em várias opções, para que você não dependa de um único investimento. Diversificar ajuda a minimizar o risco e maximizar o retorno.

18

- **Mantenha-se atualizado:** Acompanhe regularmente as notícias financeiras e os desenvolvimentos do mercado. Mantenha-se atualizado sobre os desempenhos das empresas e ativos.

- **Ajuda profissional:** Se você não tem conhecimento suficiente sobre investimentos, estude e busque ajuda profissional de um consultor financeiro ou corretor de investimentos.

Figura 1 - Guia para investidores

Fonte: Autor (2023).

Conforme Figura anterior (Figura 1), é importante que os investidores conheçam os tipos de investimentos, taxas e impostos para traçar estratégias adequadas para resgate e venda de ativos para que não haja perdas desnecessárias, além de ter muita atenção antes de comprar um ativo ou assinar algum termo, visto que carteiras automatizadas, por exemplo, estão muito em alta e com muitas vantagens, mas dependendo da corretora, há incidência de mais de 1% de taxa de administração.

GUIA - PESSOA FÍSICA

Neste capítulo será abordada a importância da educação financeira para alcançar a tão sonhada liberdade financeira. Ter liberdade financeira significa ter recursos suficientes para viver de acordo com suas escolhas e objetivos. Para isso, é essencial adquirir conhecimentos sobre finanças pessoais, como controlar gastos, investir de forma inteligente e criar uma reserva financeira. Além disso, é fundamental ter hábitos saudáveis com o dinheiro, evitando dívidas desnecessárias e principalmente, tendo paciência para atingir seus objetivos financeiros. É importante ressaltar que a educação financeira é um processo contínuo e que qualquer pessoa pode alcançar a liberdade financeira, desde que esteja disposta a aprender e colocar em prática os conceitos e técnicas adequados.

É vital que as pessoas físicas acompanhem o cenário econômico e as opções de investimentos e rentabilidade do capital sempre que possível, visto que num determinado período, a instituição financeira que você deixa o seu dinheiro pode alterar normas e reduzir os benefícios e aumentar taxas, diminuindo a viabilidade de permanência. Sendo assim, é importante que o indivíduo busque informações e conhecimento para que o seu

21

capital esteja sempre protegido da inflação e a reserva de emergência e oportunidade sempre rendendo.

Figura 2 - Plano para liberdade financeira: pessoa física

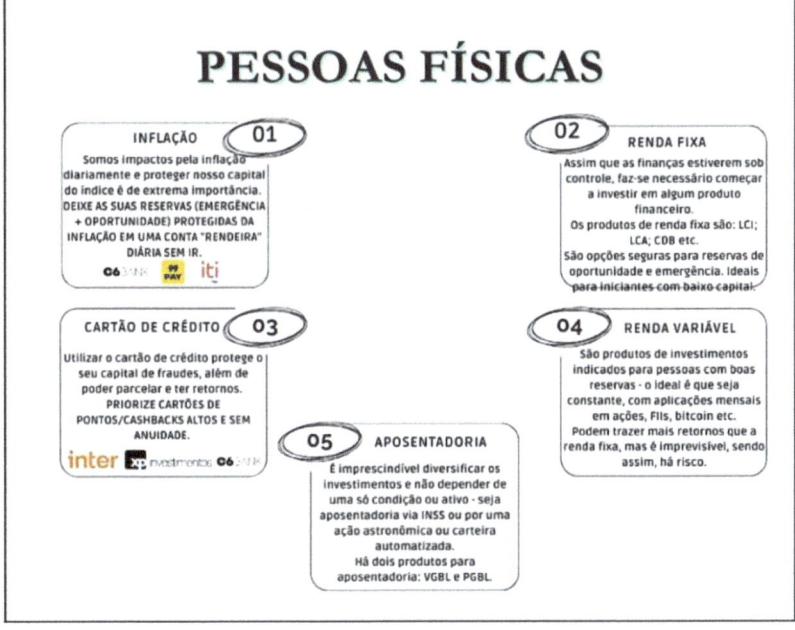

Fonte: Autor (2023).

Conforme Figura acima (Figura 2), as pessoas físicas precisam seguir diversas orientações, tendo paciência nos primeiros meses e organizando as finanças munido de planilha de controle financeiro mensal.

GUIA – PESSOA JURÍDICA

Este capítulo apresenta um guia para ajudar as empresas a administrarem suas finanças e proteger o capital da inflação. A seguir, constam os principais pontos:

- **Importância do planejamento financeiro**: o primeiro passo para uma pessoa jurídica investir é ter um bom planejamento financeiro, que inclui a análise da situação atual da empresa, definição de objetivos e metas, e a elaboração de um plano de ação para alcançá-los.

- **Diversificação de investimentos**: a diversificação é fundamental para reduzir riscos e obter retornos mais consistentes. Algumas opções de investimentos para pessoas jurídicas incluem:

  ✓ **Renda fixa**: títulos públicos (Tesouro Direto) e privados (CDB, LCI, LCA, debêntures etc.) que oferecem retornos previsíveis e podem ajudar a proteger o capital da inflação.

  ✓ **Renda variável**: ações, fundos de investimento e outras opções que possuem maior potencial de retorno, mas também maior risco.

- **Fundos imobiliários**: investimentos em imóveis ou empreendimentos imobiliários que geram renda por meio de aluguéis ou venda de unidades.

- **Acompanhamento e controle**: é importante acompanhar o desempenho dos investimentos e fazer ajustes conforme necessário. Além disso, é fundamental manter um bom controle financeiro, registrando todas as movimentações e analisando os resultados periodicamente.

- **Contar com o apoio de especialistas**: para tomar decisões mais assertivas e obter melhores resultados, é recomendado contar com o apoio de profissionais especializados, como consultores financeiros, gestores de investimentos e plataformas de investimentos.

- **Educação financeira**: investir em educação financeira é essencial para compreender melhor o mercado, tomar decisões mais acertadas e gerir o patrimônio de forma eficiente.

Em resumo, destaca-se a importância do planejamento financeiro, diversificação de investimentos, acompanhamento e controle das finanças, apoio de especialistas e educação financeira para que as pessoas jurídicas possam investir de forma eficiente, protegendo seu capital da inflação e buscando retornos.

24

Figura 3 - Plano de administração financeira: empresas

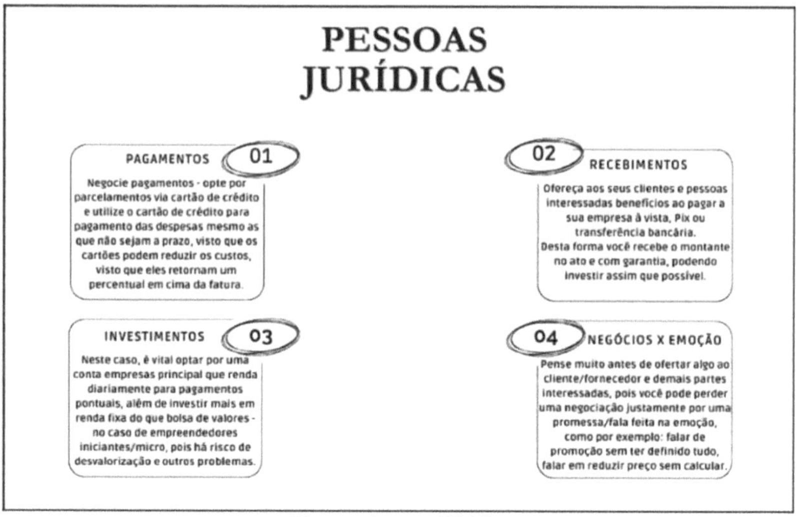

PESSOAS JURÍDICAS

PAGAMENTOS 01
Negocie pagamentos - opte por parcelamentos via cartão de crédito e utilize o cartão de crédito para pagamento das despesas mesmo as que não sejam a prazo, visto que os cartões podem reduzir os custos, visto que eles retornam um percentual em cima da fatura.

02 RECEBIMENTOS
Ofereça aos seus clientes e pessoas interessadas benefícios ao pagar a sua empresa à vista, Pix ou transferência bancária. Desta forma você recebe o montante no ato e com garantia, podendo investir assim que possível.

INVESTIMENTOS 03
Neste caso, é vital optar por uma conta empresas principal que renda diariamente para pagamentos pontuais, além de investir mais em renda fixa do que bolsa de valores - no caso de empreendedores iniciantes/micro, pois há risco de desvalorização e outros problemas.

04 NEGÓCIOS X EMOÇÃO
Pense muito antes de ofertar algo ao cliente/fornecedor e demais partes interessadas, pois você pode perder uma negociação justamente por uma promessa/fala feita na emoção, como por exemplo: falar de promoção sem ter definido tudo, falar em reduzir preço sem calcular.

Fonte: Autor (2023).

Conforme Figura acima (Figura 3), o plano prático para pessoas jurídicas deve seguir os passos sugeridos para que as organizações tenham êxito na gestão de capital de giro e investimentos.

25

METODOLOGIA

Nesta seção constam os métodos utilizados para coleta e análise de dados, além do desenvolvimento dos conteúdos do livro.

A partir das definições de Silva e Menezes (2000), este livro utiliza o método de pesquisa exploratória descritiva, visto que descreve as características de determinado fenômeno.

Tratando-se de uma revisão de literatura que se aplica a revisão bibliográfica que, de acordo com Contandriopoulos (1994), engloba os conceitos levantados pelosos principais autores e pensadores do eixo financeiro, com o intuito de apresentar alternativas para obter rentabilidade mensal e diária, bem como opções de investimentos e comportamentos.

Por meio de uma combinação de pesquisa e experiência pessoal, a finalidade deste livro é apresentar um guia prático de Administração Financeira para pessoas físicas e jurídicas, com base em conceitos e teorias fundamentais da área de finanças, visando contribuir para a melhoria da gestão financeira de empresas e pessoas.

26

CONSIDERAÇÕES FINAIS

Inicialmente, faz-se necessário enfatizar a importância da gestão financeira eficiente para o sucesso de empresas e indivíduos. Através deste guia, apresentou-se conceitos e teorias fundamentais da área de finanças que podem ser aplicados na prática para melhorar a gestão financeira de pessoas físicas e jurídicas.

Ao longo deste guia, discutiu-se tópicos como orçamento, controle de gastos, gerenciamento de dívida e investimentos. Espera-se que estas informações tenham sido úteis para ajudá-lo a tomar decisões financeiras mais informadas e alcançar seus objetivos financeiros.

É importante lembrar que a gestão financeira não é uma tarefa única ou pontual. É um processo contínuo que requer monitoramento constante e ajustes de acordo com as necessidades. Portanto, recomenda-se a educação continuada sobre finanças pessoais ou empresariais e faça ajustes na sua estratégia financeira e pesquise o mercado financeiro e se atualize de novas informações, leis e oportunidades constantemente.

Em suma, é importante destacar que a administração financeira é uma área em constante evolução e mudança. Por isso, é fundamental estar sempre atualizado sobre as tendências e novidades do mercado financeiro. Além disso, é preciso ter uma postura proativa em relação às finanças, buscando sempre novas oportunidades de investimento e formas de otimizar os recursos disponíveis.

Por fim, o autor agradece ao leitor por escolher este guia prático como fonte de informação para sua gestão financeira. Espera-se que as informações fornecidas sejam de grande valia e te ajudem a alcançar seus objetivos financeiros. Lembre-se sempre de buscar ajuda profissional se precisar e boa sorte em sua jornada financeira!

28

REFERÊNCIAS

ASSAF NETO, A. **Finanças pessoais**: planejamento, controle e gestão. São Paulo: Atlas, 2020.

BRIGHAM, Eugene F.; EHRHARDT, Michael C. **Administração financeira**: teoria e prática. 15. ed. São Paulo: Cengage Learning, 2017.

CONTANDRIOPOULOS, A. P. *et al.* **Saber Preparar uma Pesquisa**. São Paulo-Rio de Janeiro: Hucitec/Abrasco, 1994.

GITMAN, L. J. **Princípios de administração financeira**. São Paulo: Pearson, 2020.

MALKIEL, Burton Gordon. Um passeio aleatório por Wall Street. Rio de Janeiro: Sextante, 2021.

ROSS, S. A.; WESTERFIELD, R. W.; JAFFE, J. F. **Administração financeira**: Finanças Corporativas. São Paulo: Atlas, 2020.

ROSS, Stephen A. *et al.* **Fundamentos de Finanças corporativas**. 12. ed. New York: McGraw-Hill Education, 2019.

SILVA, E. L., MENEZES, E. M. **Metodologia da pesquisa e elaboração de dissertação**. Programa de Pós-graduação em Engenharia de Produção, Universidade Federal de Santa Catarina, Florianópolis, 2000.

THALER, Richard H.; SUNSTEIN, Cass R. **Nudge**: Como tomar melhores decisões sobre saúde, dinheiro e felicidade. New Haven: Yale University Press, 2008.

29